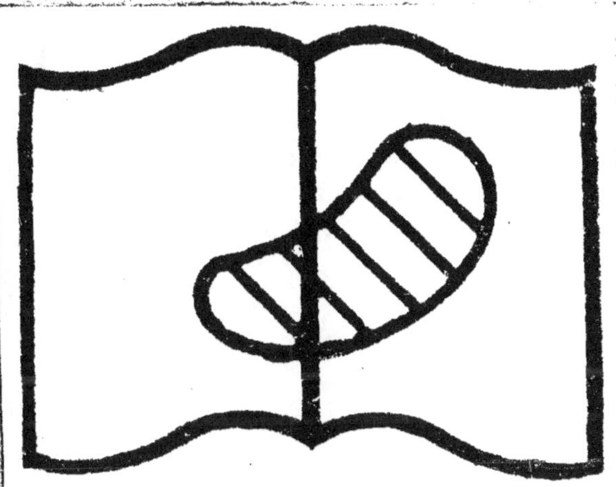

Illisibilité partielle

VALABLE POUR TOUT OU PARTIE
DU DOCUMENT REPRODUIT

REPONSE

D'UN REFUGIÉ

A UN

DE SES PARENS

Nouveau Catholique Romain.

Sur l'Idolatrie de l'Eglise Ro-
maine, & la Perpétuité
de l'Eglise Réformée.

A AMSTERDAM,

M. DC. XCIV.

RÉPONSE
D'UN REFUGIÉ
à son
SES PARENS
Catholique Romain

SES PARENS

A AMSTERDAM
M. DC. XCIV.

LETTRE

MONSIEUR MON COUSIN,

Vous m'avez fait un veritable plaisir par les preuves que vous m'avez donnez de vôtre amitié, quoi que dans le fonds elles partent beaucoup plus d'un cœur prévenu que d'aucun solide raisonnement ; Quoi qu'il en soit, je suis ravi que vous me fournissiez cette occasion à vous détromper de l'erreur où vous êtes au sujet de la Religion Romaine, à laquelle je me suis réuni par le secours de la grace & des lumiéres du Saint Esprit que Dieu m'a accordé aprés lui avoir demandé ce secours un long-tems & par le merite de Jesus-Christ mon Sauveur, je lui demande encore aussi bien que vous des nouvelles lumiéres afin de voir clair de

plus

plus en plus dans ces voyes, & qu'à l'imitation de l'Apôtre je puisse ramener mes Frères & par mes priéres & par mes rémontrances de l'erreur où nos Peres les ont elevez. Est-il possible, mon Cousin, que vous connoissez si peu la Religion Romaine, dont S. Paul parle si magnifiquement au Ch. I. verf. 8. de son Epître aux Romains, & dont il dit expressément que la Foi est renommée par toute la terre, que vous l'accusiez d'être Idolâtre, comme l'étoient les Payens? Malheureuse destinée d'un sens dépravé, & d'une intelligence bouchée à la grandeur & aux Mystéres d'une si sainte Religion! Nous avons en horreur plus que qui que ce soit, le Culte aux fausses Divinitez & Payennes & Chrétiennes s'il étoit possible qu'il y en eût. Mais je suis persuadé que vous ne pensez pas ce que vous dites, & je veux mettre un peu mieux que vous vôtre pensée au jour, vous avez eu en veüe l'adoration que nous rendons aux Saints & à leurs Images, que vous croyez être une Idolâtrie, parce que les Saints sont des Créatures & leurs Images du bois, de la pierre & des peintures. Informez-vous de ce qui s'est pratiqué dans les cinq premiers Siécles que reconnoît vô-

tre

tre Religion que vous profeſſez & que vous ne connoiſſez pas aſſez bien, & diſtinguez le Culte de Latrie d'avec celui de Dulie. Le premier ne doit être rendu qu'à Dieu ſeul, mais le ſecond eſt dû à tout le monde, avec plus ou moins de décence, ſelon le rang où l'on eſt élevé. On reconnoit par le premier une Puiſſance ſuprême & au deſſus de tout ce que l'on peut imaginer, & c'eſt d'ailleurs un abſolu anéantiſſement de nous-mêmes; Par le ſecond on reconnoit l'objet à qui on le rend bienheureux, élevé en gloire & capable d'intercéder pour nous auprés de Dieu, mais par les mérites de Jeſus-Chriſt, & nous ne le prions d'intercéder pour nous que comme nous implorons le ſecours de nos Fréres ſur la terre, vous voyez aprés cela que ce n'eſt pas contrevenir à ces paroles de Jeſus-Chriſt, *Venez à moi, vous tous, &c.* Nous croyons que ſans Jeſus Chriſt il ne ſe peut rien; mais qu'avec Jeſus-Chriſt nous pouvons toutes choſes. Si vous rendez à l'Egliſe R. & la juſtice & la bonne foi, que vous lui devez vous ne la croirez pas, mon Couſin, dans d'autres ſentimens, & vous verrez que Dieu ne peut pas être jaloux du culte que nous defferons aux Saints, que nous ne lui

don-

donnons pas des Compagnons ; mais
que nous le g'orifions en glorifiant les
hommes de sa Majesté ; Nous revérons
le Créateur dans la créature , le Mai-
tre dans le serviteur , la Source dans
ses ruisseaux , & la Cause dans ses effets.
En un mot quelque jugement que vous
puissiez faire de ce culte innocent ,
nous protestons à la face du Ciel & de
la Terre , que nôtre Eglise n'a intention
d'adorer que Dieu seul , ou directement
en lui-même , ou par un pieux détour
dans les personnes & dans les choses
qui ont avec lui une plus particuliére
relation , & nous nous asseurons sur cette parole de Jesus-Christ , que c'est le
servir que d'honorer ceux qui le ser-
vent.

Si vous dites que les Saints ne con-
noissent plus rien de ce qui se passe sous
le Soleil , c'est vôtre erreur ; Car vous
savez qu'il est dit , *qu'il y aura plus de
joye au Ciel pour un pecheur qui viendra à s'amender que pour dix mille justes* , ces paroles sont en Saint Luc chap.
16. vers. 29. Nous lisons qu'*Abraham
connut dans le Ciel qu'il y avoit sur la
terre les livres de Moyse & des autres
Prophetes* , Saint Jean chap. 5. vers. 45.
Nôtre Seigneur dit aux Juifs , *Ne pensez pas que je vous doive accuser devant*

vant mon Pere, *Moyse auquel vous a-*
vez esperance, est celui qui vous accu-
sera. Mais comment Moyse qui étoit
décédé deux mille ans avant la venuë de
Jésus-Christ eut il pû accuser ces Juifs
qui étoient encore vivans ? Il est dit
dans le Chap. 15. de Jeremie vers. 1.
que Dieu dit à ce Saint Prophéte, *que*
quand Moyse & les Prophetes se presen-
teroient devant lui, il n'auroit pas de
l'affection pour les Juifs, d'où Saint
Grégoire dans le livre 9. de ses Morales
infere que Moyse & Samuel aprés leur
mort pouvoient tous deux prier Dieu,
& qu'ils l'ont fait souvent pour le Peuple
Juif.

Je suis au reste prêt à répondre à
tous les autres Articles sur lesquels on
pourroit m'accuser d'erreur , afin que
vous soyez convaincu que j'ai raison
d'être Papiste à brûler , & pleût à
Dieu que vous, vôtre famille & tous
nos autres parens fussent dans les mêmes sentimens où je suis, & que j'eusse
la joye de vous voir revenir en France
avec ces saintes dispositions. Je quittai
autrefois mon emploi pour n'embrasser
pas la Sainte Religion que je professe,
mais c'est parce que je ne la connoissois
pas , que par les fausses peintures qu'on
en faisoit ; mais aujourd'hui que je suis

A 4

plus

plus avancé en âge j'ai fermé l'oreille à l'enchanteur, & je quitterois cent Charges pour ma Religion. J'appréhende que ceci ne vous fasse retomber la plume de la main, à mon égard la mienne sera toûjours prête à répondre à toutes les objections que vous ou d'autres pourriez me faire, & pour vous y engager je vous demande de bien faire réflexion sur cette verité, que vos Peres ont quitté la Religion Romaine pour en profeßer une qui ne peut pas être l'Eglise de Jésus-Christ. Car vous n'ignorez pas que vôtre Eglise n'étoit point il y a moins de deux cens ans, ou pour éviter la dispute, que le Service & la pratique de vôtre Religion ne s'y faisoient pas comme ils s'y font à present. Aviez-vous la même Confeßion de Foi compofée de 40 Articles, le même Service & les mêmes Cérémonies ? Et d'où vient ce changement ? Avons nous un autre Dieu & une autre Religion que le Dieu & que la Religion que l'on avoit ? Et pourquoi quitter une Eglise contre laquelle les portes d'enfer ne peuvent point prévaloir, & à qui Dieu a promis son Saint Esprit, & qui sera toûjours visible comme elle l'a toûjours été, car si vous me dites que vôtre Eglise a toûjours été, je vous répondrai que c'est une er-

reur,

reur, & enfin que ce n'a pas été du moins
vi-blement , & ainfi vous n'étes pas
cette Eglife dont parle Jefus Chrift ,
Matt. 5. v. 14 15. & dont parle S. Paul
aux Corinthiens chap. 4. v. 3. Et fon-
gez , mon Coufin , que vous n'avez pas
de meilleures preuves de vôtre Religion
que cinquante fortes de Renegats, qui
ont quitté la Religion Romaine , &
qui font en Hollande , en Allemagne
& en Angleterre , & qui ne fe glorifient pas moins que vous du témoignage de l'Ecriture. Pourquoi n'étes-vous
pas auffi tôt Lutherien que Proteftant ?
Ce n'eft, mon Coufin , que parce que
vous étes né dans le fein de cette Communion & que vous l'avez fuccé avec le
lait ; vous étes donc dans une étrange
prévention en faveur d'une Religion que
vous, ne connoiffez pas , & vous ne pouvez, pas répondre à prefque aucune des
queftions que l'on vous fait. Si vous a-
vez quelque chofe à me dire , ne vous
rebutez pas & ne craignez point les ports
de lettres. Inftruifons nous avec un efprit de charité & de douceur & fans noi-
fe ni mépris , & prions ce Dieu de miféricorde, de lumiére & de paix, qu'il ha-
bite en nous par fa grace & par fon Efprit , afin que nous choififfions la bonne
part. Je fuis , &c.

REPONSE

LA LETTRE

PRECEDENTE

MONSIEUR MON COUSIN,

Je vous ai toujours crû fort sincère, mais je vous avoue pourtant que j'ai quelque peine de me persuader que vous me parliez sérieusement dans vôtre Lettre. Vous me dites que vous êtes Catholique Romain à brûler, ce sont vos propres termes, vous donnez plus de deux fois à cette malheureuse Religion le titre de Sainte, vous parlez de celle que vous avez quittée du même ton, & avec autant de mépris & d'emportement que le pourroit faire un Jesuite; & comme si ce n'étoit pas assez pour un Proselite de quatre jours, vous me faites encore l'honneur de me dire

que

que nous ne connoissons pas nôtre Religion. Mais, c'est sans doute, mon
Cousin, parce qu'on nous en explique
trop souvent les Mystéres, que tout se
fait parmi nous dans une langue qui
nous est connuë, & qu'on nous fait lire
la parole de Dieu avec un trés grand soin:
au lieu qu'on devroit s'en tenir à une
Foi aveugle, comme on le fait parmi
vous; & se reposer absolûment du soin
de son Salut, sur la foi de son Curé,
ou de son Vicaire. Mais peut on sur
tout assez admirer ce grand mouvement
de vôtre sainte jalousie pour vôtre nou-
velle Eglise, & que vous exprimez d'u-
ne maniére & si pathetique & si forte.
Est-il possible, dites-vous, *mon cher
Cousin; que vous connoissiez si peu la
Religion Romaine, dont la Foi est renommée par toute la terre, & de laquelle Saint Paul parle si magnifiquement dans le verset 8. du chapitre 1. de
son Epitre aux Romains, que vous l'accusiez d'être idolâtre?* Mais est-il possible, mon cher Cousin, qu'il se soit fait
un si grand renversement dans vôtre esprit, que vous soyez capable vous même
de confondre l'Eglise Romaine
d'aujourd'hui, cette Eglise si abominable par ses superstitions, & ses idolâtries, avec l'Eglise du temps de Saint

A 6

Paul,

Paul, si illuſtre & par ſa foi, & par
ſa piété ? En verité, mon Couſin,
je ſuis preſque tenté de n'en croire
pas à mes yeux, & encore une fois,
je ne ſaurois me perſuader que vous
parliez bien ſincerement. Je veux
pourtant ſuppoſer, puis que vous le
voulez, que vous êtes dans tous les
ſentimens que vous me dites, & je ne
déſire pas moins que vous que nos pe-
tites diſcuſſions ſe faſſent ſans altéra-
tion & ſans aigreur : je vous aſſeure
même que quelque diſſentiment qu'il y
ait entre nous, à l'égard de la Religion, je ne laiſſerai pas d'être & vôtre
ſerviteur & vôtre Ami, comme je l'ai
toûjours été.

Vous n'avez deviné qu'une partie de
mes penſées lors que j'ai accuſé vôtre
Egliſe d'être idolâtre, il eſt vrai que je
penſois au culte que vous déferez aux
Saints, & que j'ai crû, comme vous
le dites, qu'ils ne ſavent rien de ce que
l'on dit, ni de ce que l'on fait ſur la
terre : Mais j'avois, ſur tout, en veüe
l'adoration de l'Hoſtie, des Images,
de la Sainte Trinité, de vos Crucifix,
& de vos Croix. Vous croyez que j'ai
fait un grand outrage à vôtre Egliſe,
& vous proteſtez à la face du Ciel &
de la Terre, contre l'injuſtice de mon
accu-

accufation. Il faut voir, mon cher
Coufin, fi vous êtes fondé, ou fi je le
fuis ; & je confens même de bon cœur
que vous foyez oüi le premier, dans
tout ce que vous dîtes pour vôtre jufti-
fication : Mais il eft jufte auffi que je
fois entendu à mon tour, & que vous
me permettiez de juftifier mon avan-
ce. Je ne vous dirai pas que je fuis
abfolument l'Auteur de cette Lettre,
j'ai crû de pénétrer que vous feriez
bien aife que quelque autre que moi
s'en mêlât. Je n'ay pas donc balancé
un moment là deffus, je puis vous af-
feurer même que l'Ami à qui j'ai eu
recours, fe fera un veritable plaifir de
vous parler fur tout ce qu'il vous plaira, & autant que vous voudrez.

Vous croyez d'avoir parfaitement
difculpé vôtre Eglife du crime d'Idolatrie, par la diftinction que vous faites de *Latrie*, & de *Dulie*, il eft vrai
que ces deux termes, Δυλεία, &
Χατρεία, fe trouvent dans l'origi-
nal de l'Ecriture. Mais favez-vous,
mon Coufin, que cette diftinction n'eft
bonne qu'à faire voir ou l'ignorance,
ou la malice de vos Docteurs ; car je
dois vous avertir que ces deux mots
ont abfolument la même fignification,
& la même force, que l'un & l'autre

vca

veulent dire *Service*, & sans qu'il y
ait la plus petite différence. Mais ce
que je vous conjure sur tout de remarquer est que Saint Paul parlant aux
Galates, leur dit expressément dans le
verset 8. du Chapitre 4. qu'avant qu'ils
eussent embrassé la Foi, ils rendoient
aux fausses Divinitez un culte de Dulie:
Car vous n'ignorez pas sans doute, que
les Payens déféroient une souveraine
adoration aux fausses Divinitez. On
vous abuse donc d'une étrange maniè-
re, mon Cousin, & vous voyez combien il est peu seur de se fier à de semblables Directeurs. Ils vous disent
que leur Eglise n'adore ni les Saints,
ni leurs Images que d'une adoration de
Dulie. Mais quelle autre plus grande
adoration pourroit elle en effet leur dé-
férer, puis qu'encore une fois *Dulie*
signifie tout comme *Latrie*, un souverain Service, dans la doctrine même
de Saint Paul. Mais aprés tout, ce-
n'est qu'une dispute du plus au moins,
car quand même vôtre distinction seroit
de quelque usage, vous n'en pourriez
conclurre tout au plus, si ce n'est que
vous n'êtes pas souverainement Idola-
tres, car vous l'êtes toûjours constam-
ment, sans nous mettre en peine du
degré, s'il est vrai que le culte que
vous

vous déferez aux Saints soit un culte
faux & criminel, comme j'espére de
vous en convaincre. Voilà, mon Coufin, tout l'usage que je puis, & que je
dois faire de vôtre distinction.

Vous me dites de m'informer de la
pratique des cinq premiers Siécles; Je
l'ai fait, mon Cousin, & voici ce que
j'ai trouvé, c'est que de l'aveu de vos
propres Docteurs, on ne voit point la
plus petite trace de l'invocation des
Saints, jusques au temps de l'Empereur
Constantin : Et si vous ne m'en
croyez pas sur ma parole, comme j'a-
voüe qu'il n'est pas juste, vous n'avez
qu'à consulter ce qu'en dit Mr. le Cardinal de Richelieu dans sa Méthode.
Vous verrez qu'il se tuë à chercher
des raisons d'un si grand & si long silence; & qu'il en rend enfin ces deux :
La prémiére, qu'on croyoit dans ces
prémiers Siécles qu'il n'y avoit que les
Ames des Martirs qui jouïssent de la
viſion de Dieu avant la résurrection.
Je ne sai ce que vous penserez de cette répoufe, mais je vous avoüe que
connoiffant le génie de ce grand Homme, il ne m'en faudroit pas davantage pour conclure hardiment qu'il soû-
tenoit une cause désespérée. *On n'in-
voquoit pas les Saints*, dit-il, *parce*
qu'il

qu'il n'y avoit que les Ames des Martirs dans le Ciel, c'est à quoi se reduit sa réponse. Mais croyez vous, mon Cousin, que les Ames des Martirs jusques au temps de Constantin, les Ames par conséquent des Apôtres, & de tant d'illustres Disciples de Jesus-sus Christ ne valussent pas l'Ame de Saint Christofle, ou celle de Saint Antoine de Padoüe que vous invoquez. La seconde raison que ce grand Cardinal tient du silence des premiers Siécles, à l'égard de l'invocation des Saints, est que les Peres de ce premier temps apprehendoient, qu'à la faveur de cette invocation, l'idolatrie qui regnoit en beaucoup de lieux ne se glisat parmi les Chrétiens. Cette réponse fait encore absolument le procés à votre culte, car j'en tire ces deux conséquences également incontestables. La premiere qu'il est du devoir d'une Eglise Chrétienne d'eviter tout ce qui pourroit donner occasion à l'idolatrie, & en particulier, qu'on doit se garder d'invoquer les Saints lors que l'on a sujet de craindre que ce culte soit en achypement, & qu'il donne aucun lieu à ce crime. Cependant je vous croi d'allez bonne foi pour ne disconvenir point qu'il n'y ait, pour le moins, une

infinité

infinité de gens parmi vôtre petit Peuple, qui ne sont pas capables de faire aucun usage de vôtre distinction, & dont les veuës se bornent absolument au bois, ou à la pierre qu'ils ont devant les yeux. Ma seconde consequence se tire d'elle même, & sans aucune replique. C'est que l'invocation des Saints n'étoit pas pratiquée dans ces premiers Siécles, ou pour le moins, afin de ne rien dire qui puisse m'être disputé, qu'on n'en a point de preuve, ce qui me suffit pour vous faire voir que vous avez eû tort de me renvoyer à ce temps-là, pour y trouver ce culte. Il faut, mon Cousin, que vous vous soyez adressé à quelque méchant Saint, & je ne vous conseille pas de l'en croire une autre fois sur sa parole.

Au reste, vous ne vous étes pas trompé lors que vous avez crû que je vous dirois que les Saints ne savent pas ce qui se fait sous le Soleil : Mais je souhaiterois que vous eussiez mieux compris les paroles de l'Ecriture, que vous alléguez pour me prouver le contraire. Il est dit qu'il y aura plus de joye au Ciel pour un pecheur qui viendra à s'amender que pour quatre-vingt dix neuf Justes ; mais c'est devant les Anges, & non devant les Saints : Je n'impose

n'importe pas, mon Cousin, c'est Jésus-
Christ lui même qui me l'a appris,
dans le verset 10. du chapitre 15. de
Saint Luc, c'est à dire deux versets
après celui que vous alléguez. *Il y
aura joye*, dit il, *devant les Anges
de Dieu pour un seul pecheur qui vient
à s'amender*: Bien loin donc que ce
passage fasse pour vous, j'y trouve absolument vôtre condamnation, car
peut-on croire que si les Saints con-
noissoient ce qui se fait sur la terre,
ils n'eussent de la joye de la conversion des pecheurs tout comme les Anges. Ils sont sans doute assez charita-
bles pour cela. Mais si cette joye leur
est commune avec les Anges, pourquoi
Jésus-Christ nous le cache t-il? Il
veut nous faire connoître que nous
devons nous interesser pour le Salut
de nos Freres, nous réjouir de leur
conversion: Il nous exhorte même
à nous réjouir à la veüe du Salut de
tant d'Ames, qu'il étoit venu sauver
par le prix de son sang; & pour nous
mieux porter à cette joye il nous pro-
pose l'exemple des Anges, & ne nous
dit rien des Saints, quoi que nous
ayons avec eux une plus grande & plus
particuliere relation. Ce silence seroit
surprenant, mon Cousin, si les Saints
savoient

favoient ce qui se fait sur la terre ; pensez y un peu, s'il vous plaît, il me semble que cét endroit n'est pas tout à fait indigne de vôtre réfléxion.

Vous dites encore qu'Abraham étant dans le Ciel, savoit qu'il y avoit des Livres de Moyse & des autres Prophétes sur la terre. Je vous y attrape, mon cher Cousin, vous n'êtes pas aussi bon Catholiqu Romain que vous voulez me le persuader, & vous me permettrez de vous dire, que la poche sent encore le haran chez vous. Abraham, dites-vous, étoit dans le Ciel ; Le plus zélé Protestant du monde n'en diroit pas davantage. Il faut dire, mon Cousin, qu'il étoit dans les Limbes, pour ne mettre pas vôtre bonne & Sainte Mere de mauvaise humeur contre vous, car de bonne foi il ne fait pas trop bon en France lors qu'on lui déplaît, & nous en savons quelque chose. Mais aprés tout, ne vous êtes vous pas apperceu que c'est une parabole, & comment avez-vous pû croire qu'on d'eût presser ces paroles, & les prendre à la lettre & dans toute leur rigueur. Il faut sans doute qu'Abraham & le mauvais Riche eussent la voix bien forte, pour s'entretenir à une aussi grande distance que

celle

celle du Ciel & de l'Enfer. Vous me
feriez plaisir encore de me dire, comment les Ames peuvent former un
semblable dialogue, car vous savez
qu'il n'y avoit que l'Ame d'Abraham
dans le Ciel, & l'Ame du mauvais
Riche dans l'Enfer, que leurs Corps
étoient dans la terre, & qu'ils y feront jusques à la résurrection générale.
Mais voici encore une petite difficulté
sur laquelle vous m'obligerez de m'é-
claircir. Il est dit que le mauvais Riche demanda à Abraham une goute
d'eau pour rafraîchir le bout de sa langue. L'Ame du mauvais Riche avoit
donc une langue, mon cher Cousin,
& cette conséquence vaut bien pour le
moins la vôtre; vous me direz s'il vous
plait votre pensée là dessus.

Mais, dites vous encore, Jesus Christ
assure aux Juifs dans le chapitre cin-
quième de Saint Jean, que ce ne seroit
pas lui, mais Moyse qui les accuse-
roient; il faut donc que Moyse fût pour
le moins et que vissaisent ces Juifs du
temps de vôtre Sauveur. Vous ne dites pas assez, mon Cousin, il faut encore ajouter selon vôtre raisonnement,
que Moyse pénétroit du haut du Ciel
les cœurs de tous les Juifs, & qu'il en
voyoit jusques aux plus secrets mouve-
mens,
celle

mens, & aux penſées les plus cachées.
Cette ſeconde conſéquence eſt toute
auſſi bonne que la premiére ; car vous
ne voulez pas ſans doute, que puis que
c'eſt Moyſe qui doit accuſer les Juifs,
il ne les accuſe qu'à demi : ou il faut
que vous me permettiez de conclurre
à mon tour , que les Juifs ne ſeront
punis qu'à l'égard d'une partie de leurs
pechez. On s'eſt donc bien trompé,
mon Couſin , lors que l'on a crû qu'il
n'y avoit que Dieu qui pénétrât les penſées du cœur de l'homme. Saint Paul
pour déſigner Jeſus Chriſt, dans le verſet 2.5. du chapitre 8 des Romains, ſe
contente de dire , que c'eſt celui qui
ſonde les cœurs : Mais ce grand A-
pôtre n'en ſavoit pas tant que vous, il
ignoroit que ce privilége de nôtre Sauveur lui fût commun avec Moyſe, &
toutes les Ames bienheureuſes. Vous
m'apprenez encore une autre choſe que
je ne ſavois pas, & que je n'aurois pas
de long temps deviné, c'eſt que les
Saints font l'office d'Accuſateurs dans
le Ciel ? Je vous aſſure , mon Couſin, que je ne l'aurois pas crû, ſi vous
ne me l'aviez dit. Je m'étois figuré
que les Ames bienheureuſes y étoient
occupées à contempler la face glorieu-
ſe de leur Dieu, à y benir ſon grand
Nom

Nom, & à lui présenter leurs remer-
cimens & leurs actions de graces pour
toutes les obligations qu'ils ont à son
infinie Miséricorde. Mais ce n'est pas
cela, ils y accusent vigoureusement les
hommes devant le trône de Dieu de
tous leurs déréglemens, & de tous les
désordres de leurs vies. Car puis que
Moyse y est un Accusateur de ses Frères, & pourquoi ne le seront pas les
autres Saints? Il le faut même afin
que vôtre conséquence serve à vôtre
veue, je veux dire, afin que vous en
puissiez conclurre) que tous les Saints
savent ce qui se fait sur la terre. En
vérité, mon Cousin, il faut avouer que
vos Docteurs ont bien peu l'Esprit de
l'Ecriture, ou qu'ils ont bien peu de
respect pour la parole de Dieu. Jesus-Christ dit aux Juifs que ce ne seroit
pas lui qui les accuseroit, mais que
Moyse les accuseroit. N'est il pas aussi
clair que les rayons du Soleil, que la
pensée de Jesus-Christ étoit de leur
faire connoître que la Loy de Moyse
lui rendoit témoignage, que c'étoit un
Pédagogue qui les conduisoit à lui; en
sorte que le rejettant comme ils le faisoient, ils rejettoient Moyse, c'est à
dire sa Loi & tous ses divins Ecrits,
& ainsi cette même Loi les accuseroit

moy   devant

devant le Trône de son Pere. Et vous n'avez en effet pour vous en convaincre qu'à faire un peu de réfléxion sur les deux versets qui suivent ; car voici ce que Jesus-Christ y ajoûte, *Si vous croyiez à Moyse, vous croiriez aussi à moi ; car il a écrit de moi ; mais si vous ne croyez pas aux écrits d'icelui, comment croirez-vous à mes paroles.* C'est donc la Loi de Moyse, ce sont ses Ecrits qui doivent accuser les Juifs, & non la personne de Moyse.

Vôtre derniére preuve est enfin, que Dieu a dit parlant des Juifs dans le verset 1. du chap. 15. de Jeremie, que *quand même Moyse, ou Samuel se presenteroient devant lui, il n'auroit pas d'affection pour ce Peuple ;* d'où vous concluez que Moyse & Samuel prient pour les Juifs. Je ne sai à quoi vous avez pensé, mon Cousin, car quand même je vous avoüerois cette conséquence, vous ne feriez rien ni pour vôtre Religion, ni contre la mienne. On ne condamne pas parmi nous, ceux qui croyent que l'Eglise Triomphante prie en général pour la Militante, & c'étoit la pensée de Saint Grégoire dans le lieu que vous citez. Quoi qu'il en soit, ce n'est pas nôtre question. Il s'agit entre nous de savoir si les Saints enten-

entendent les prieres des vivans, &
c'eſt ce que vous n'établiſſez pas par
vôtre conſéquence. Mais vous me
permettrez encore de vous dire, qu'il
ne s'en eſt jamais tiré de plus fauſſe;
& pour vous le faire mieux ſentir; En
voici une toute ſemblable, & vous
m'en direz, s'il vous plait vôtre penſée. Je raiſonne donc ainſi, & je raiſonne comme vous : Quand même
tout ce qu'il y a d'honnêtes gens parmi les Catholiques Romains de France, employoient tout ce qu'ils ont
de crédit & d'autorité auprés de leurs
Prêtres, de leurs Evêques & de leurs
Moines, pour les empêcher de perſé-
cuter les Proteſtans, & de mettre en
uſage dans ce deſſein, juſques aux derniéres cruautez, aux plus honteuſes & plus
injuſtes ſupercheries, ils ne réduiroient
pas ces bonnes Ames. Donc tout ce
qu'il y a d'honnêtes gens parmi les
Catholiques R. s'employent auprés des
Prêtres, des Evêques & des Moines en
faveur des Proteſtans. Quel jugement
faites-vous de cette conſéquence, mon
Couſin? ne vous ſemble-t-elle pas auſſi
juſte, & d'une auſſi bonne grace que la
vôtre? *Quand même*, dites-vous, *Moyſe*
& Samuel ſe preſenteroient devant Dieu,
il n'auroit point d'affliction pour le Peu-
ple

ple Juif; donc Moyse & Samuel prient pour les Juifs. Mais ne fortons pas même de l'Ecriture, & laiffons vos Directeurs pour ce qu'ils valent. Voici encore une propofition femblable, & voyons fi l'on en peut tirer la même conféquence : *Quand bien nous-mêmes, ou un Ange du Ciel,* nous dit S. Paul dans le Chap. I. de l'Epitre aux Galates, *vous Evangeliʒeroit outre ce que nous vous avons Evangeliʒé, qu'il foit anathéme.* A raifonner comme vous, mon Coufin, il faut tirer cette conféquence ; Donc les Anges du Ciel annoncent un autre Evangile que celuy que Saint Paul préchoit. Voilà à quoi l'on s'expofe, lors que l'on foûtient une auffi mauvaife caufe. Ce n'étoit pas vôtre conféquence qu'il faloit tirer des paroles de Jeremie, mais celle-ci ; Donc les Saints ne connoiffent pas l'état des hommes fur la terre, & ne prient pas pour eux. Car s'il étoit vrai en effet qu'ils fçûffent ce qui fe fait dans le Monde, & qu'ils priaffent pour les vivans, peut-on douter que Moyfe & Samuel ne fe fuffent prefentez devant Dieu en faveur des Juifs qui leur avoient été fi chers, & qui étoient le feul Peuple que Dieu eût fur la terre? Il me femble que vous jugez fort mal

B

de

de la Charité de ces deux grands Prophetes, & je vous conseille de penser un peu mieux une autre fois à vos objections; mais voyons si je serai plus heureux dans mes preuves que vous n'avez été dans les vôtres.

Je vous ai dit que l'invocation des Saints est un Culte faux & criminel; mais je le prouve, en effet, & voici mes preuves. Tout Culte que Dieu n'a pas commandé, est un Culte faux & criminel : Or Dieu n'a pas commandé le Culte que l'Eglise Romaine défére aux Saints, donc le Culte que l'Eglise Romaine défére aux Saints est un culte faux & criminel. Vous ne pouvez pas nier la mineure de mon Argument, ou si l'envie vous en prend, vous me direz, s'il vous plait, dans quel passage, ou du Vieux, ou du Nouveau Testament, je dois chercher ce commandement. Je prouve donc ma premiere proposition ; Tout Culte que Dieu n'a pas commandé est un Culte faux & criminel, si c'est sur ce seul fondement que Dieu a condamné comme un service abominable le Culte que les adorateurs du Soleil & des autres Astres déféoient à ces créatures ; Si c'est sur ce seul fondement que Dieu a puni les Israëlites par des supplices effroyables

effroyables , pour les devotions qu'ils pratiquóient dans la Vallée de Tophed; Enfin fi c'eft fur ce feul fondement que Nadab & Abihu furent fuffoquez fur le champ par le feu de Dieu : Or c'eft fur ce feul fondement & que Dieu a condamné les adorateurs du Soleil & des autres Aftres , & qu'il a déployé fes autres jugemens dont je viens de parler , donc tout Culte que Dieu n'a pas commandé eft un Culte faux & criminel. Vous ne me nierez pas fans doute ma premiére propofition; car ce feroit quelque chofe d'étrange que Dieu eût voulu nous rendre raifon de fa conduite dans toutes ces occafions, & que fa raifon ne fût pas trouvée bonne par les hommes. Il me faut donc prouver feulement qu'il n'en à rendu que celle-là : Mais il ne faut que des yeux , & je vous prie de voir premiérement le verfet 3. du Chap. 17. du Deuteronome , vous trouverez que Dieu prefcrivant aux Ifraélites la conduite qu'ils devoient tenir à l'égard des adorateurs des Aftres , qui fe trouveroient parmi eux , leur ordonne de les faire mourir comme des abominables, & qu'il n'en rend autre raifon , que celle-ci ; C'eft qu'il n'avoit pas commandé ce Culte : *Ce que je n'ai pas,*

B 2

dit il,

dit il, *commandé.* Voyez le verſet 31.
du Chapitre 7. de Jeremie, vous trouverez que Dieu s'y plaint des Enfans de Juda
en ces propres termes ; *Ils ont edifié
les hauts Lieux de Topheð pour brûler
leurs fils & leurs filles au feu, ce que
je n'ay jamais commandé, & à quoi je n'ay
jamais penſé.* Enfin, je vous prie, de
lire les verſets 1. & 2. du Chapitre 10.
du Levitique ; Vous verrez que
Dieu rend cette même raiſon du ſupplice
de Nadab & d'Abihu. Or, dit Moyſe,
*les Enfans d'Aaron Nadab & Abihn
prirent chacun ſon encenſoir & y mirent
du feu & du parfum deſſus, & offrirent
à l'Eternel du feu étrange, ce qu'il ne
leur avoit pas commandé :* & ce qu'il
y a d'extrémement remarquable, c'eſt
que Moyſe impute à cela même, que
Dieu ne leur avoit pas commandé
cette action, ce terrible jugement qu'il
déploya ſur eux. *Adonc, dit-il, le feu
ſortit de devant l'Eternel, & il les ſuf-
foqua, & ils moururent devant l'E-
ternel.*

Mais doit-on, en effet être ſurpris que
Dieu puniſſe avec une auſſi grande ſé-
vérité des Cultes qu'il n'a pas commandé ? Car en cela même qu'il ne
les a pas commandez, ne les a-t-il pas
deffendus ? Par exemple par ces célebres
paroles

paroles du Chap. 12. du Deuteronome; *Vous prendrez garde à faire tout ce que je vous ai commandé, tu n'y ajoûteras rien, & n'en diminueras rien.* Sur quoi je fais encore ce raisonnement contre vôtre Eglise, dont la Foi est renommée par toute la Terre : Mais vous auriez mieux dit, si vous aviez dit ; dout les cruautez, les injustices, les fourberies, & les horribles persécutions remplissent tout le Monde. Tous ceux qui pratiquent un Culte que Dieu n'a pas commandé, ajoutent à ses Commandemens : Or l'Eglise Romaine pratique un Culte que Dieu n'a pas commandé ; Donc l'Eglise Romaine ajoûte à ses commandemens. Ceux qui ajoûtent aux commandemens de Dieu méritent d'étre punis par des jugemens semblables à ceux que nous venons de voir : Or l'Eglise Romaine ajoûte aux commandemens de Dieu ; Donc l'Eglise Romaine mérite d'étre punie par des supplices semblables à ceux que nous venons de voir.

Mais ce n'est pas seulement Moyse qui s'en explique en cette sorte : Jesus-Christ nous dit encore expressément dans le 15. de St. Matthieu ; *Que ceux là l'honorent en vain, qui l'honorent selon la doctrine & les commande-*

mens

Je vous ai rapporté sur un autre sujet les paroles de Saint Paul dans le Chapitre I. des Galates, où ce Saint Apôtre dit en autant de termes : *Que quand même un Ange du Ciel Evangeliseroit outre ce qu'il leur Evangelisoit, qu'il devroit être execration.* Faites bien reflexion sur ces paroles, & croyez moi, l'autorité de vos Docteurs n'est pas plus grande que celle d'un Apôtre, ni d'un Ange du Ciel. Mais enfin s'il y avoit quelque créature qu'il fût permis d'adorer, ce seroit sans doute les Anges. Car, outre qu'ils surpassent les hommes en excellence, l'Ecriture nous avertit qu'ils s'intéressent & qu'ils s'employent pour nôtre Salut, ce qu'elle ne nous a jamais dit d'aucun Saint. Cependant Saint Paul nous deffend de les servir dans les versets 17. & 19. du Chapitre 2. de son Epître aux Colossiens : *Que nul,* dit-il, *ne vous maîtrise à son plaisir par humilité d'esprit & service des Anges.*

Je vous conjure sur tout de faire reflexion sur les versets 8. & 9. du Chapitre 22. de l'Apocalipse ; Saint Jean y rapporte que s'étant jetté aux pieds d'un Ange pour l'adorer, cet Ange lui dit, *Garde toi bien de le faire,*

*faire, car je fuis Serviteur comme toi,
comme tes Freres les Prophetes, & comme
ceux qui gardent les paroles de cette
Prophetie.* Ne tremblez-vous pas à ces
paroles, mon Coufin ? Et eft-il pof-
fible que vous en croyez plus à la parole
de vôtre Curé, de vôtre Evêque, de
vôtre Pape ? Je dirai bien plus à la
parole de tous les hommes de la terre,
s'il fe pouvoit que tous les hommes de
la terre convinffent dans ce fentiment,
qu'à la fainte parole d'un Ange du Ciel ?
Des hommes mortels & pecheurs, &
fincérement ce qu'on appelle bien pécheurs, on ne peut pas leur difputer ce
titre fans une extréme injuftice, ces
hommes donc mortels & pécheurs vous
affeurent qu'il faut adorer & les Anges
& les Ames bienheureufes qui font dans
le Ciel, & un Ange vous affure qu'il
n'en eft rien, qu'ils font eux-mêmes
des Serviteurs comme nous. Gardez
vous bien d'une femblable Adoration,
vous dit cét Ange ? Gardez vous bien
de la négliger, dit vôtre Sainte Mere
l'Eglife. Et il faut rejetter l'avertiffe-
ment que vous donne cét Ange, &
vous arrêter à celui de vos Directeurs ?
En vérité, mon Coufin, j'ai quelque
peine à foûtenir ma plume dans cét
endroit, & je vous avoue que je tremble

pour vous & pour tous vos semblables,
à la veüe d'un si horrible, & si étrange
égarement.

Mais peut être direz vous que Saint
Jean voulut déferer à cét Ange le Culte
de *Latrie*, & que c'est à quoi il s'opposa,
mais qu'il ne se seroit pas opposé à celui
de *Dulie*, si Saint Jean s'étoit borné à
ce dernier. Mais de qui le tenez vous,
mon Cousin ? Qui vous a appris que
c'étoit la pensée de l'Ange ? Est-ce
Dieu lui même ? Est-ce quelqu'autre
Ange, quelque Prophéte, quelque
Apôtre, quelque Evangeliste ? Ou
sont-ce, encore une fois, des hommes
mortels & pécheurs ? Et croyez vous
devoir vous reposer absolument d'un
aussi grand interêt que celui de vôtre
Salut sur leur bonne parole ? Saint
Jean voulut déferer à cet Ange le Culte
de *Latrie*, dites vous; Il ne savoit
pas que ce fût un Ange, ou il ignoroit
vôtre distinction. Si c'est le premier,
d'où vient que l'Ange ne lui dit pas tu
te trompes, je ne suis pas Dieu, je
suis un Ange ? Il n'en faloit pas davantage pour le désabuser. Mais d'où
vient encore qu'il l'avertit que les
Anges ne sont que des Serviteurs de
Dieu, comme il l'étoit, & par consequent qu'on ne devoit pas en faire des
objets

objets d'adoration , si la pensée de
Saint Jéan n'avoit été de l'adorer comme
un Ange ? Mais il voulut l'adorer d'une
adoration de *Latrie* ; il n'en savoit
pas donc autant que vous & vos semblables, & c'est fort mal à propos que
l'Ecriture appelle ce Saint Homme le
Théologien par excellence , car il s'en
faut beaucoup qu'il eût autant de lumiére
que le Curé de vôtre Paroisse , pour
le moins ne savoit-il pas qu'il y avoit
une adoration de *Dulie* , que l'on devoit
aux Anges , & aux Saints bienheureux.
Je suis surpris encore que l'Ange qui
luy parloit ne lui aprît cette distinction,
car aprés tout il est d'un devoir indispensable de rendre à chacun ce qui luy
est dû , & si ce Culte est agréable à
Dieu , s'il est utile à ceux qui le défé-
rent , pourquoi l'Ange ne lui dit il pas,
adore moi seulement d'une adoration
de *Dulie* , & n'adore jamais que Dieu
d'une souveraine adoration ? Je vous
avoüe , mon Cousin , qu'à raisonner
selon vôtre principe je ne trouve pas
bien dans cette conduite la charité d'un
Ange , & si vous en savez plus que
moi vous m'obligerez de me faire part
de vos lumiéres.

Saint Paul pose comme un fondement
incontestable dans le Chapitre 10. de
B 5   l'Epitre

l'Epître aux Romains, qu'on ne peut
pas invoquer celui en qui on ne croit
point. *Comment*, dit-il, *invoqueront-*
ils celui en qui ils n'ont point cru ?
Et selon ce principe je fais ce raisonnement contre vous.

On ne peut point invoquer selon la
doctrine de Saint Paul celui en qui on
ne croit point ; Or l'Eglise Romaine
ne croit point ni aux Anges, ni aux
Saints, car je vous fais cette justice de
croire que vous ne les regardez pas
comme les Auteurs de votre Salut ;
Donc l'Eglise Romaine ne peut pas
invoquer ni les Anges ni les Saints.

Je ne me mets pas en peine de vous
prouver que les Saints ne savent pas ce
qui se fait sous le Soleil, je croi vous
en avoir assez dit sur cette matiére &
c'est d'ailleurs une question absolument
inutile, s'il est vrai, comme je viens
de le prouver, que le Culte que vous
leur déferez soit un culte faux, criminel
& idolâtre. Je vous conjure seulement
de faire un peu de reflexion sur deux
endroits de l'Ecriture, qui decident
formellement cette question. Vous
trouverez le premier dans le verset 21.
du Chapitre 14. de Job. Ce Saint
Homme y parle de la condition & de
l'etat des hommes aprés leur mort, &

il

il dit expreſſément d'un Pére, que ſoit
que ſes Enfans fuſſent élevez en honneur , ou qu'ils fuſſent dans la baſſeſſe
il n'en ſauroit rien. Vous en
croirez tout ce qu'il vous plaira, mais
vous me permettrez de ne douter point
que ſi les Saints connoiſſoient ce qui
ſe fait ſur la terre, ils ne ſuſſent ce que
font leurs Enfans. Car en vérité cette
charité ſeroit rare qu'ils s'intéreſſaſſent
pour des gens avec qui ils n'avoient
aucune rélation particuliére durant leur
vie , & qu'ils négligeaſſent leur propre
Famille. Le ſecond endroit de l'E-
criture que je vous prie d'examiner eſt
le verſet 16. du Chapitre 63. d'Eſaye,
où vous verrez que ce Saint Prophéte
introduit les Juifs, déclarant à Dieu
qu'il étoit leur Pére, quoi qu'Abraham
ne les eût pas connûs , & qu'Iſraël les
eût ignorez. Abraham & Iſraël ne
connoiſſoient pas donc ces Juifs, bien
loin de ſavoir ce qu'ils faiſoient ; il me
ſemble que cette conſéquence eſt aſſez
naturelle , & je ne ſai comment vous
vous en tirerez.

Mais il vous reſte encore deux petits
rétranchemens. Le premier eſt que vous
honorez les Saints comme on honore
les hommes ſur la terre ſelon le rang
où ils ſont élevez. Le ſecond que vous

 invoquez

Pagination incorrecte — date incorrecte

NF Z 43-120-12

innoquez les Saints comme on prie les Fidéles vivans. Commençons par le premier. Est-il possible, mon Cousin, que vous ne distinguiez pas un honneur civil d'avec un honn ur religieux ? Ce n'est pas du premier qu'il s'agit entre nous, mais du dernier. Un de vos Prêtres par exemple se formaliseroit-il qu'une de ses Gouvernantes agréable & propre lui présentât du vin dans un verre bien net ? Vous auriez quelque peine de me le persuader. Mais croyez vous qu'il souffrit que cette même Gouvernante avec toute sa bonne grace lui offrît le Calice dans la célé- bration de la Messe ? Je suis en vérité surpris qu'un homme qui a autant de bon sens & autant de lumiére que vous en avez soit capable d'une semblable illusion.

Mais, dites-vous encore, ne prions nous pas les Fidéles sur la terre de prier Dieu pour nous, & pourquoi ne nous seroit il pas permis de rendre le même honneur aux Saints glorifiez ? Il est vrai, mon Cousin, nous prions les Fi- déles qui sont sur la terre de prier pour nous, & nous le devons même, parce que Dieu nous l'a expressément com- mandé, mais il ne nous a jamais fait un semblable commandement à l'égard

des

des Saints Bienheureux.   Nous prions
encore les Fidéles fur la Terre ; mais
nous n'avons garde de les invoquer.
Saint Paul a prié & les Corinthiens &
les Ephéfiens de prier Dieu pour lui ;
mais, direz vous, qu'il les ait invoquez ? Il y a une extréme différence,
& vous devez remarquer que l'invocation eft une Priére Religieufe, un acte
de devotion & de Foi, un Sacrifice,
une véritable adoration ; au lieu que
la Priére d'homme à homme eft une
action purement civile. Je me fais en
vérité quelque honte d'étre obligé à re-
futer de femblables penfées.

Voici enfin une derniére réfléxion,
& par laquelle je finis cette matiére :
C'eft que l'on trouve dans des vieux
exemplaires du Nouveau Teftament
en fuite de ces paroles de la premiére
à Timothée chapitre 4. verfet prémier.
*Or l'efprit dit notamment qu'és derniers
temps plufieurs fe revolteront de la foi,
s'adonnans aux efprits abufeurs & aux
doctrines des Diables.* Ces paroles
expreffes, *car ils feront adorateurs
des hommes morts,* vous les trouverez
dans l'exemplaire de Saint Epiphane,
& il les rapporte même comme de S.
Paul. Vous le pouvez voir encore dans
le Nouveau Teftament d'Oxfort. Sur
quoi

quoi je fais ce raisonnement. Ou cés
paroles sont de Saint Paul, comme l'a
creu Saint Epiphane, & dans ce cas, la
doctrine de l'Eglise Romaine touchant
l'adoration des Saints est une doctrine
de Diables, cela est sans difficulté, car
elle fait profession d'adorer les morts, ou
enfin des paroles furent ajoûtées par les
Anciens & comme une interprétation
des précédentes : & c'est une preuve cer-
taine du sentiment des Péres à l'égard
de ce Culte, car Saint Epiphane vivoit
déja dés l'année 350. Vous vous dé-
mêlerez de cét endroit comme vous
pourrez.

Je vous ai dit dans le commencement
de ma Lettre que lors que j'avois ac-
cusé vôtre Eglise d'étre idolâtre, j'a-
vois en veuë l'adoration que vous déferez au Sacrement, à vos Crucifizs,
& à vos Croix, & je vous avouë
même que c'étoit ma principale veuë.
Mais il a falu vous suivre, & je voi
qu'il est impossible de vous parler sur
ces matiéres dans cétte occasion. Ma
Lettre ne sera peut-étre que trop lon-
gue. Mais je vous offre de
confondre les plus hupé de vos Dis-
puteurs sur quel de ces sujets qu'il
vous plaira, & ainsi il ne tiendra qu'à vous
de voir encore l'Eglise Romaine abso-

lument idolâtre dans tous ces Cultes. J'attendrai vôtre réponse là dessus. Mais il est juste cependant de ne vous quitter point sans faire quelque honneur a cette fameuse objection dont vous avez fait vôtre bonne bouche : Car du ton que vous la proposez , & de la maniére dont je sai que l'on est fait parmi vous, vous n'auriez pas grande peine de croire qu'elle m'embarasse si je la négligeois absolument. Vous dites qu'il n'y a pas deux cens ans que nôtre Religion est au monde , d'où vous concluez que ce ne peut pas étre celle de Jesus-Christ qui est depuis le commencement , & contre qui les portes d'Enfer ne peuvent pas prévaleir. Mais je ne sai pas ce que vous en pensez vous même ; car à peine avez-vous fait cette objection, que vous l'abandonnez à sa bonne fortune , pour éviter , dites-vous, la dispute.

Aviez-vous avant ce temps-là le même service & la même pratique ? Aviez-vous la même Confession de Foi composée de quarante Articles ? Enfin aviez-vous les mémes Cérémonies ? Aprés quoi, vous nous demandez avec la fierté d'un Papiste de cinquante ans, si nous avons un autre Dieu que celui des Siécles passez ? Tout ce que vous dites

dites d'ailleurs ne tend qu'à prouver la Visibilité de l'Eglise, de quoi vous vous acquitez trés-mal, je ne saurois m'empêcher de vous en avertir en passant quoi-que je n'y prenne aucun intérêt dans cette occasion, mais nous pourrons peut-être en parler dans une autre.

Qui vous a dit, mon Cousin, qu'il n'y a pas deux cens ans que l'on professe nôtre Religion? Dans quelle bonne source avez vous puisé cette pensée? Elle est asseurément rare, & il seroit bien fâcheux qu'elle eût peri sur mer, ou qu'elle eût été le butin d'un Capre qui n'en auroit peut-être pas connu le prix. Il faut pour composer une Eglise une Doctrine & des personnes qui en fassent profession, s'il faut quelque autre chose vous me le direz s'il vous plaît. Mais est-ce à l'égard de nôtre Doctrine que vous dites que nôtre Eglise est depuis deux cens ans? Si c'est vôtre pensée, il me sera fort aisé de vous détromper. Car je vous déclare que nous ne croyons rien que ce que la Parole de Dieu nous aprend, c'est là nôtre Religion, nous n'en avons point, & n'en avons jamais eu d'autre, & s'il vous prend envie d'en douter nous entrerons dans cette

cette difcuffion quand il vous plaira,
& j'offre de vous faire voir que nous
ne croyons & ne pratiquons abfolument que ce que Jefus Chrift & fes
Saints Apôtres nous ont commandé de
pratiquer & de croire. Mais ce n'eft
pas là ce que je demande, dirés vous
fans doute, je fuis en peine de favoir fi
l'on a toûjours fait profeffion de vôtre
Doctrine, & fi l'on a toûjours pratiqué vôtre Culte? Vous êtes donc,
mon Coufin en peine de favoir fi l'on
a toûjours fait profeffion de la Religion
de Jefus Chrift & fi l'on a toûjours
pratiqué fon Culte, car encore une fois
je fuis prét de faire voir à qui vous
voudrez, que je n'ai point d'autre
Religion que celle de Jefus Chrift.

Mais, direz vous encore, N'a-t-on
pas vû un tems dans lequel il n'y avoit
pas abfolument d'autre Eglife Chrétienne, que la Romaine? Non, mon
Coufin, on n'a jamais vû ce tems:
Mais voici ce que l'on a vû. On a
vû couler divers Siécles, fans qu'aucun
des principes, dont nous fommes en
difpute avec vôtre Eglife, fût connû
parmi les Chrétiens, & dans cét heureux tems nôtre Religion régnoit tran-
quillement fur toute la Terre, il a falu
même defcendre extrémement bas pour
découvrir

découvrir aucune trace de vôtre Tran-
fubſtantiation, du Sacriſice de la Meſſe,
de l'adoration de l'Hoſtie, de la ſuppreſſion de la Coupe, &c. Sur quoi
je fais ce raiſonnement contre vous.
Une Egliſe qui enſeigne des Dogmes
capitaux inconnus aux premiers Siécles;
n'eſt pas l'Egliſe le Jeſus Chriſt : Or
l'Egliſe Romaine enſeigne des Dogmes
capitaux inconnus aux premiers Siécles;
Donc l'Egliſe Romaine n'eſt pas l'Egliſe
de Jeſus Chriſt. Ma premiére pro-
poſition ne peut pas être diſputée par
un Catholique Romain : Et ſi vous
niez la ſeconde, vous me ferez, s'il
vous plait, l'honneur de me marquer,
comment vous vous y prenez pour
trouver la Tranſubſtantiation, le Sacrifice de la Meſſe, l'adoration de l'Hoſtie,
la ſuppreſſion de la Coupe, le Culte
des Images, dans les quatre premiers Siécles, je me borne à ce tems là afin de ne
rien dire ſur quoi l'on puiſſe faire la
moindre chicane ; & parce qu'il n'en
faut pas davantage pour la concluſion
que j'en tire. Vous vous vantez, mon
Couſin, d'une grande ancienneté. Mais
croyez moi, vous êtes anciens comme
les Gabaonites qui firent alliance avec
Joſué, étoient des Ambaſſadeurs, &
venoient de loin, ils n'en avoient

que

que des fautes marques , c'etoient leurs
vieux souliers , leurs vieux habits , &
des choses semblables. Vous n'avez
rien de vieux que vos habits, je veux
dire , vos Cérémonies, c'est l'habit de
vôtre Eglise. Vous les avez prises, &
la plûpart de vôtre propre aveu , des
Juifs & des Payens. Elles sont donc
vieilles par rapport à leur origine, quoi
que nouvelles à vôtre égard, car il est
encore trés-certain que vôtre Bonne
Mére ne s'en est couverte que pour
imposer à ses Enfans, & leur inspirer
par là une plus grande vénération ,
comme les Gabaonites ne se couvrirent
de leurs vieux habits que pour tromper
Josué; & vous seriez fort embarrassé,
si vous vouliez les chercher plus haut.
Voilà toute vôtre ancienneté , & dequoi vous pouvez vous glorifier.

Mais il me semble que j'entre dans
vôtre cœur, vous n'êtes pas encore
bien satisfait, & vous souhaitez de
savoir qui étoient ceux qui professoient
nôtre doctrine, pour le moins dans le
tems que ce que nous appellons les Erreurs,
les Superstitions & les Idolâtries de
l'Eglise Romaine prévalurent absolûment. Elles n'ont jamais absolument pré-
valu, mon Cousin , que lors qu'on a fait

passer

paſſer vos Erreurs en Articles de Foi,
& que l'on a impoſé la neceſſité de les
croire & de les pratiquer, car juſques
là on étoit en liberté & de dire & de
faire ce que l'on vouloit : & il en étoit
de cette Egliſe extérieure comme autre
fois des dix Lignées d'Iſraël, qui
s'aſſembloient dans un même Temple,
mais les uns pour y adorer Dieu, &
les autres pour y adorer Bahal. Mais
ce n'eſt pas ce qui fait ma peine, direz-
vous peut être encore, je vous demande
où étoit vôtre Egliſe lors que nos principes ont eu paſſé en Articles de Foi,
& que l'on n'a plus eu la liberté de les
croire, ou de ne les croire point, en
un mot, lors que les choſes ont été
portées à ce grand excez d'abomination,
où elles étoient, ſelon vous, avant
vôtre Réformation ? Se forma t il un
Corps à part, & qui s'oppoſat à ceux
qui adhérérent aux principes que l'E-
gliſe Romaine enſeigne & pratique
aujourdui ? Il étoit tout formé mon
Couſin, ce Corps dont vous êtes ſi fort en
peine. On vous a dit mille fois qu'on
le voyoit dans le Royaume de Bohéme,
& par les Aſſemblées publiques de ceux
qu'on appelle aujourdui *les Vaudois*,
& ſi vous me demandez dans quel
tems cette Egliſe a commencé de
paroître,

paroître, j'ai deux chofes à vous répondre. La première qu'elle eſt depuis les Apôtres & fans aucune interruption. Cela vous cuit fans doute, mais je ne faurois qu'y faire, il faut paſſer par là, & n'en déplaife à la fierté de vos Docteurs, c'eſt un fait au deſſus de toutes leurs chicanes. La feconde réponfe que j'ai à vous faire eſt, que de vôtre aveu même, cette Eglife fubfiſtoit long tems avant les Décrets de vos Conciles qui ont érigé vos Erreurs en Articles de Foi, & qui ont établi parmi vous cette horrible tyrannie que l'on y exerce fur les Confciences, & cela fufit pour triompher de toutes les vaines chicanes de vôtre Eglife.

Mais voici encore dequoi vous fatisfaire, s'il vous reſte quelque raïon de ces lumiéres & de ce bon fens que vous avez fait paroître en tant d'occafions, c'eſt qu'on ne peut pas douter que Dieu ne conſervât fon réfidu de grace au milieu même de vos Peres & dans le plus grands accés de leurs fuperſtitions & de leurs idolatries, comme il conferva les fept mille ames d'Iſraël du tems d'Elie au milieu des Idolâtres de Bahal. Mais voûs me demanderez peut être qui étoient, & où étoient ces

ames

ames que Dieu a garanti de l'idolatrie
de vôtre Eglise , & enfin par quel
secret Dieu les a conservées ? Souvenez
vous , mon Cousin , de faire cette question dans la valée de Josaphat , lors
que tous les hommes y seront assem-
blez , il s'y trouvera sans doute quelqu'un qui aura assez de complaisance
pour satisfaire vôtre curiosité. Car
pour moi je vous avoüe que n'ayant
pas vécu dans ce tems là , & n'ayant
point d'Histoire qui m'appréne exacte-
ment tout ce qui s'y est passé , je me
trouverois à peu prés aussi embarrassé
de vous en rendre conte , qu'Elie l'auroit été de marquer distinctement les
sept mille ames qui ne s'étoient pas
souillées de l'idolatrie de Bahal , ou que
vous le seriez vous même de me dire
quels étoient les élûs de Dieu parmi les
Israelites qui ont vécu & qui sont morts
en Egipte avant que Moyse en eut re-
tiré ce Peuple. Car on ne peut pas
disconvenir de ces deux veritez :
La premiére que les Israelites se souil-
lérent des abominations d'Egipte.
Dieu s'en plaint expressément dans le
verset 26 du Chapitre 16 d'Ezéchiel.
Tu as paillardé , dit-il , avec les En-
fans d'Egipte , & as multiplié tes
paillardises pour me dépiter. Il s'en
explique

explique encore dans le verset 14. du Chapitre 24. de Josué. *Maintenant, dit il, craignez l'Eternel, & le servez en integrité & verité, & ôtez les Dieux ausquels vos Peres ont servi au dlà du Fleuve & en Egypte.*

La seconde vérité est que Dieu avoit son résidu au milieu de ce Peuple, car il n'y avoit point d'autre Eglise sur la Terre, & Dieu a toûjours eu ses vrais Adorateurs, des Ames pures & sincéres, qui lui ont rendu un Service agréable. C'est un fait dont il n'est pas même permis de douter. Mais qu'elles étoient ces bonnes Ames ? Vous m'obligerez de me le dire, vous le devez même absolument, car à raisonner selon vôtre principe, on ne peut pas s'empêcher de conclurre, ou que Dieu n'avoit point d'Eglise au Monde dans ce triste tems, ou pour le moins que c'étoit une Eglise idolâtre. Je suis persuadé que ces conséquences vous font horreur, & je n'ai garde de vous les imputer. Mais en fut-il jamais de plus naturelles, selon vôtre Théologie ? Cét Argument par exemple, ne seroit-il pas aussi bon contre les Juifs que celui que vous faites contre les Protestans ? On ne doit point croire que Dieu ait une

Eglise

Eglife au milieu d'un Peuple idolâtre,
fi elle ne s'y fait voir par des Affemblées publiques ; donc on ne doit point
croire que Dieu eût une Eglife parmi
les Ifraelites qui étoient en Egypte,
lors qu'ils y fervoient les Dieux des
Egyptiens. Car il eft vrai que ceux qui
n'adoroient que le vrai Dieu ne s'y font
pas diftinguez des autres par des Affemblées publiques.

Mais fi l'Eglife Romaine étoit auffi
perdue que vous voulez me le perfuader, fi c'étoit une Eglife inondée
d'Erreurs, de Superftitions & d'Idolâtries, car ce font là à peu prés les
peintures que vous en faites ; Je ne
conçoi pas, dites-vous, que vos Péres
euffent pû s'y conferver purs au milieu
d'une fi grande corruption. Je veux
avoir pour vous, mon Coufin, toute
la complaifance que vous pourriez fou-
haiter, & fi vous me faites le plaifir
de me marquer le point précis de la
Miféricorde de Dieu ; c'eft à dire,
jufques où ce Grand Dieu étend fes
compaffions & fes graces, & que
vous m'appreniez d'ailleurs bien di-
ftinctement les difpofitions de toutes
les Ames, qui ont vécu dans ce malheureux tems : Je ne vous dirai pas
feulement comment elles ont pû rendre

dre à Dieu un Culte qui lui fût agréable, & ne se perdre pas dans le sein de vôtre Eglise. Mais je vous dirai encore qui ils étoient & quel en étoit le nombre.

Cependant vous conterez , s'il vous plait pour quelque chose les petits enfans qui sont morts avant qu'ils eussent pû prendre aucune part dans ces abominations. Car je pourrois me tirer par ce seul endroit de tous les argumens de vôtre Eglise contre mon hypothése.

Mais aprés tout, auriez-vous du moins quelque peine de concevoir que l'on puisse se garantir des superstitions & des idolatries d'une Eglise lors qu'on n'en fait aucune profession ? Mais c'est , direz-vous, une pure chimére , car vos Péres ne pouvoient pas se dispenser d'assister aux Assemblées de l'Eglise Romaine , & de participer à son Culte ? C'est ce qui vous trompe, mon Cousin. Il est vrai que vôtre Eglise imposoit cette nécessité. Mais je pourrois vous dire que c'étoit un tems d'une horrible corruption, non seulement dans la doctrine , mais aussi dans les mœurs ; que vos Prêtres négligeoient extrémement le soin des ames , & qu'ils étoient si fort occupez de leur avarice & de leurs sales plaisirs, qu'ils étoient absolument hors d'état de

 penser

penser ni à leur Salut ni à celui des
autres, car je ne dirois rien dont on
n'ait convaincu mille fois vos Docteurs;
Mais sans entrer en aucune discussion
là-dessus, croyez-vous que l'on prift des
précautions ni plus exactes, ni plus justes,
pour obliger les Fideles qui vivoient
dans ce malheureux tems à pratiquer le
Culte de vôtre Eglise, que celles que
prit par exemple l'Empereur Diocletien,
pour contraindre à l'idolatrie les
Chrétiens qui vivoient sous son Empire. Il défendit de rien vendre, ni
de rien acheter; d'aller au moulin, ni
à la fontaine; qu'on n'eût jetté quelque
grain d'encens dans le feu qui étoit
allumé au pié des Simulacres: & on
étoit dans une obligation indispensable
de se saisir de tous ceux qui désobéiroient
à cet ordre, & de les faire mourir. Que
vos Auteurs triompheroient s'il y avoit
eu une semblable Loi, en faveur de
vôtre Eglise: & j'avoüe que vous
auriez quelque raison de me demander
comment il se pouvoit que nos Péres
se garantissent de ces idolatries? Cette
question auroit encore une plus grande
apparence, si à un semblable Edit on
avoit ajoûté des perquisitions aussi exactes
& aussi générales que celles que fit faire
le même Diocletien dans toute l'étenduë

de son Empire, & une aussi sanglante
persécution, que celle que l'on y fit à
tous les Chrétiens que l'on pût découvrir. Mais vous vous trompériez pourtant
comme ce Tyran se trompa lui-même.
Il crût d'avoir réussi dans son cruel
dessein, il s'en glorifioit insolemment;
& l'Histoire nous apprend qu'il fit
graver sur des colomnes & en diverses
Provinces cette inscription horrible.
*Diocletien a étendu l'Empire Romain
pour avoir éteint le nom des Chrétiens ;
pour avoir aboli leur superstition par
toute la terre, & pour avoir augmenté
le service des Dieux.* Cependant il n'y
avoit pas seulement des Chrétiens dans
l'Empire ; mais il est vrai que Dieu se
servit de cette horrible persecution
pour rendre dans la suite son Eglise, &
plus éclatante, & plus glorieuse. Mais
je veux encore vous donner un exemple
plus récent & qui vous est plus connu.
N'avez-vous pas crû que tous les Protestans qui ont resté dans le Royaume
de France, si l'on en excepte du moins
ceux qui étoient dans les Couvens, dans
les Prisons, ou sur des Galéres, s'étoient
réunis à vôtre Eglise ? J'avouë même
que vous aviez quelque raison de le
croire, de la maniére qu'on s'y est pris
pour les y contraindre ; on n'a négligé

 pour

pour cela ni rufe, ni fupercherie, ni
aucune forte de violence. C'eft dequoi
vos fages & faints Directeurs peuvent
fe glorifier.

Mais ne vous êtes-vous pas trompé,
mon Coufin, & combien s'en eft-il trouvé
qui avoient fidélement gardé leur facré
dépôt, & à qui Dieu a fait la grace de
fe fauver enfin de cette horrible Prifon?
Je vous avertis même, fi vous ne le
favez pas, qu'il en eft forti depuis
moins de deux mois plufieurs de cét ordre.
Cependant je ne croi pas que vous foup-
çonniez vos anciens Péres d'un plus
grand artifice que celui de vôtre Clergé
de France. Ils n'étoient pas plus ani-
mez de l'Efprit de perfécution, ils
n'entendoient pas mieux ce mêtier, ils
n'y apportoient pas ni de plus grandes
précautions, ni de plus grands foins,
& ils n'avoient pas une plus grande autorité. Si aprés cela vous doutez que
nos Péres n'ayent pas pû fe garantir de
vos Affemblées & de vôtre Culte, vous
me permetterez de vous dire que vôtre
erreur eft abfolument volontaire.

Mais quand même je vous avoue-
rois, dites-vous, que vos Peres n'ont
pris aucune part dans ce que vous ap-
pellez nos abominations: Il eft toûjours certain qu'ils n'ont point formé

des Aſſemblées en leur particulier. Et
n'eſt-ce pas la plus grande Chimére,
dont on ſe ſoit jamais enteſté, que de
ſe figurer une Egliſe ſans Aſſemblée?
Sur tout l'Egliſe de Jeſus Chriſt qui eſt
cette *ville aſſiſe ſur le haut d'une Mon-*
tagne qui ne peut être cachée, comme
nous l'aprenons du Chapitre 6. de Saint
Matthieu. *Cet Evangile encore qui n'eſt*
couvert qu'à ceux qui periſſent & de
qui le Dieu de ce ſiecle a aveuglé les
entendemens, ſelon le témoignage de
Saint Paul. J'avois eu quelque penſée
de ne m'arréter pas à cette objection
dans cette Lettre, & je m'en étois
déja expliqué. Mais j'ai changé de
ſentiment lors que j'ai fait un peu plus
de reflexion ſur la maniere & cet air
ſi confiant dont vous la propoſés.

Je répons donc premiérement que
vous avez trés-mal conçû & Jeſus-
Chriſt, & Saint Paul dans les deux
paſſages que vous alleguez. Jeſus Chriſt
voulût par la premiere faire connoître à ſes Apôtres, qu'ils étoient
dans des plus grands engagemens que
le reſte des hommes, de ne rien faire
qui ne fût en édification, & d'un bon
exemple; & il leur en rend ces deux
raiſons. La premiere que les yeux de

 tous

tous leurs Freres feroient toûjours
fur eux à caufe du rang qu'ils tenoient
parmi eux, & c'eft ce qu'il marque
en les comparant à une Ville affile
fur une montagne. La feconde
raifon étoit, qu'il les avoit honorez
dans cette veuë du glorieux emploi qu'ils
occupoient; & c'eft ce qu'il exprime
par ces autres paroles: *On n'allume
point une Chandelle pour la mettre fous
un boiffeau, mais fur un Chandellier,
& elle éclaire tous ceux qui font dans
la Maifon.*

Je ne voi rien de plus naturel ni de
plus clair que cette interpretation.
Mais quand il y auroit quelque difficulté ne feroit elle pas abfolument oftée par
cette conféquence que Iefus Chrift tire
lui-même par ces paroles; *que vôtre lu-
mi re luife donc devant les hommes afin
que voyant vos bonnes œuvres ils glorifient vôtre Pere qui eft aux Cieux.*
C'eft en verité quelque chofe d'étrange
qu'on ne puiffe pas être un moment
Catholique Romain fans fe croire en
droit de faire dire à l'Ecriture tout ce
que l'on veut.

Saint Paul dit aux Corinthiens
dans fa feconde Epitre Chapitre 4.
Qu'il ne s'eft point fait honte
de

de la verité ; qu'il ne s'eſt point relâ-
ché dans les ſaintes Fonctions de ſon
Miniſtére ; qu'il n'avoit point donné
aucun faux ſens à la parole de Dieu, ni
uſé d'aucun artifice , qu'il avoit parlé
ſelon ſa conſcience & devant Dieu & devant les hommes , & enfin qu'il avoit
annoncé ouvertement la verité.   Aprés
quoi il ajoute, que ſi *ſon Evangile eſt*
couvert, il èſt couvert à ceux qui pe-
riſſent, deſquels le Dieu de ce Siecle a
aveuglé les entendemens. Peut-on ne
voir pas que le deſſein de Saint Paul
étoit de faire connoître aux Corinthiens
que ceux qui rejettoient ſa Parole é-
toient abſolûment inexcuſables ? Et
que l'on ne devoit pas imputer leur
aveuglement à aucune obſcurité qu'il y
eût, ni dans ſes prédications, ni dans la
révélation Evangélique , dont il étoit
le Prédicateur & le Miniſtre ? Qu'il
en faloit chercher uniquement la Cauſe
dans les maudites & funeſtes Inſpira-
tions de l'Eſprit des ténébres qui régnoit ſur leurs cœurs. Mais n'importe, il en ſera tout ce que l'on voudra,
l'Egliſe Romaine qui n'eſt pas moins
infaillible que Saint Paul y trouve la
viſibilité perpétuelle de l'Egliſe, il faut
donc croire qu'elle y eſt.

C 4

Voilà

Voilà le beau fruit de vôtre Foi
aveugle pour vos Directeurs, mon Cousin, & un étrange effet de vôtre prévention en faveur d'une Eglise que vous
ne connoissez pas. Permettez-moi de
vous faire ce petit compliment à mon
tour. Je suis un peu mieux fondé que
vous, & je ne le suis que trop, de quoi
j'ai bien de la douleur. Car asseurément si cette Eglise vous étoit connuë
vous ne l'estimeriez pas plus que je
fais.

Mais qui vous a dit encore mon Cousin, que nos Peres ne formoient pas d'Af-
semblée ? Ne croyez-vous pas qu'il
s'en est bien fait en France, qui ne
vous sont pas connuës, depuis la ré-
tractation de l'Edit de Nantes, quoi-que
tout vôtre Clergé se soit fait un si
grand devoir de l'empêcher, & qu'il
n'ait rien negligé pour faire punir ceux
qui s'y sont trouvez, lors qu'on les a
découverts. Je ne voudrois pas même vous garantir, dans les dispositions
où vous me paroissez, qu'il ne s'en soit
fait quelqu'une dans vôtre lieu sans que
vous en ayez été averti. L'Espagne est
un païs où l'Inquisition régne d'une
étrange maniére. Mais ne vous est-il jamais revenu qu'il s'y soit fait des Assemblées.

semblées de nos Fréres, & très confi-
dérables, sans que les Inquisiteurs s'en
soient apperçûs ? Cependant il s'en
faut bien qu'on y regardât de si près au
temps de nos Péres; & à moins que
vous n'ayez quelque révélation là-dessus,
je ne voi point que vous puissiez étre en
droit de nous dire qu'ils n'ont point formé des Assemblées.

Mais supposons pour un moment, si
vous le voulez, que ce soit un fait
constant. Nos Peres n'avoient-ils pas
leurs Familles ? Et croyez-vous qu'il
ne suffit pas pour la subsistance de l'E-
glise que Dieu y fût adoré en Esprit &
en verité, comme il l'étoit sans difficulté , s'il est vrai que les Principes
& le Culte de ma Religion soient les
Principes & le vrai Culte que Jesus-
Christ & ses Saints Apôtres nous ont
appris? Je ne voi pas que vous puissiez
trouver aucune absurdité dans cette
idée : Ou vous me ferez voir, s'il
vous plait, où étoit l'Eglise de Dieu
du temps des Saints Patriarches ; &
que c'est une chimére de croire qu'il y
eût une Eglise lors qu'Adam & Eve
étoient seuls au monde, & un pur entêtement de s'imaginer qu'elle fût re-
duite à la seule Famille de Noé par le
C 5 déluge.

déluge. Mais direz-vous, l'Eglife Chrétienne a de fi grandes promeffes. Il eft
vrai, mon Coufin. Mais fans dire qu'elle
n'a pas laiffé d'étre reduîte à des trés-
grandes extrémitez comme du temps
des Arriens, il n'y a pas de promeffe
qui foit incompatible avec mon idée,
& Dieu n'étoit pas moins jaloux de fa
gloire dans le commencement des Siécles qu'il l'eft aujourd'hui. Ses promeffes n'étoient pas moins des promeffes éternelles, que celles qui nous regardent, & elles n'étoient pas moins
appuyées que les nôtres depuis le peché
d'Adam fur le merite du Sang de Jefus-
Chrift. Ce font enfin des promeffes
que Dieu a faites non à la paille, à la
bale, & aux ordures de fon aire, mais
à fon pur froment, qui en effet fubfi-
ftera toûjours malgré tous les efforts
du Diable, du Monde, & de l'Enfer. Car il y aura toûjours des Eleus
qui ferviront Dieu en fincérité de cœur,
en intégrité de confcience, & felon fa
parole. Il faut avoüer que Saint Hi-
laire étoit, felon vous, un méchant
Théologien, car voici comme il parle
dans une Lettre qu'il écrivit contre
Arrius : *C'eft mal à propos, dit-il,
que vous êtes épris de l'amour des pa-*

rois,

rois, *& que vous vous attachez aux E-*
difices; il y a plus de seureté sur les
montagnes , dans les forêts , dans les
lacs , dans les prisons & dans les caver-
nes. Car quelle seureté pouvoit il y
avoir pour l'Eglise cachée & dans une
semblable dispersion , si sa subsistance
dépendoit absolûment de ses Assemblées, comme il vous plait de le croire ?

Vous me feriez au reste beaucoup de
plaisir de me marquer un peu distinctement les Assemblées que formoit l'E-
glise Chrétienne dans le temps que
Diocletien , dont je vous ai parlé ,
croyoit d'avoir absolûment éteint le
Nom des Chrétiens. Vous m'oblige-
riez encore de me dire à quoi pensoit
Saint Jean lors qu'il nous représente
l'Eglise dans le Chapitre 12. de l'Apo-
calypse sous l'idée d'une Femme qui
fuit la présence du Dragon, & se sauve
dans le Désert. Que veulent dire encore les deux aîles qui lui sont données
pour s'envoler & devant le Serpent
dans le lieu qui lui etoit préparé, pour
y être nourrie mille deux cens soixante
jours. Je vous avoue que pour moi
qui vai mon grand chemin , j'ai toûjours creu que ces paroles de Saint Jean

C 6   étoient

étoient une prédiction des étranges
perfécutions que l'Eglife devoit fouf-
frir dans la fuite des Siécles, & prin-
cipalement fous le Régne de vôtre An-
te-Chrift. Mais vous m'affeurez que ce
n'eft pas cela, que l'Eglife de Jéfus-
Chrift doit toûjours fe faire voir avec
éclat; que rien n'eft capable d'inter-
rompre fes Affemblées publiques; que
c'eft même un entêtement infupporta-
ble de fe figurer le contraire.

Voilà vôtre idée, mon Coufin, mais
je vous prie de m'apprendre le fecret
de l'ajufter avec celle de Saint Jean;
& avant de quitter cét Article,
faîtes-moi encore, s'il vous plaît,
l'honneur de m'expliquer cette voix du
Ciel que Saint Jean nous rapporte dans
le Chapitre 18. de fes mêmes Révéla-
tions: *Sortez de Babylon, mon Peuple.* J'ai creu que cette Babylon étoit
vôtre Eglife, & que ce commandement de Dieu s'adreffoit à nos Peres.
Mais vous n'avez garde d'en convenir.
Il n'y auroit plus de queftion à faire.
Dites-moi donc, je vous en conjure,
où eft cette Babylon depuis le temps
de Saint Jean, avec qui les Enfans de
Dieu fe foient trouvez mêlez, & en
un fi grand danger de fe fouiller de fes
pechez

pechez & d'encourir ſes peines , qu'il faille neceſſairément ſortir de ſon ſein pour éviter & l'un & l'autre de ces malheurs. Car il y a encore ces paroles qui ſuivent immédiatement ce commandement, *de peur que vous ne ſoyez participans de ſes pechez, & que vous ne receviez de ſes playes.* Mais n'oubliez pas ſur tout de me dire, dans quel lieu & dans quel temps que vous puiſſiez chercher cette Babylon, ſi les Enfans de Dieu qui ont vécu, qui vivent , ou qui doivent vivre dans ſon ſein, y ont fait , ou y doivent faire leurs Aſſemblées à part , & a la face du Ciel & de la Terre ? Car ſi c'eſt là vôtre penſée , il faut que vous m'appreniez comment ils peuvent étre en un ſi grand danger de ſe ſouïller des pechez de ces Babyloniens , s'ils n'ont pas d'autre communion avec eux que celle de reſpirer un même air , de boire des mêmes eaux, & de former une même ſociété Civile. Vous ne pouvez pas me dire qu'ils riſquent de ſe perdre par le mauvais exemple des Enfans de Babylon, & que c'étoit là uniquement la penſée de Dieu ? Je vous répondrai avec Saint Paul, qu'il faudroit que les Enfans

fans de Dieu fortiffent non feulement de Babylon, mais du Monde s'il faloit fe feparer des méchans pour éviter leurs mauvais exemples. Il n'y a point de fi dangereux exemple que ceux que nous donnent nos Fréres, & vous n'ignorez pas que comme l'Eglife de Jefus-Chrift a fon froment, elle a auffi fa bale, fa paille, & fes ordures. Si vous me dites que les Enfans de Dieu n'ont pas, ou ne doivent point avoir la liberté de fe tenir dans une feparation pofitive de cette Babylon, qu'il ne leur eft pas permis de s'affembler publiquement pour y rendre à Dieu le vrai Culte qu'il exige de nous. Je conçoi ce grand péril que je cherche, mais je voi toute vôtre machine démontée, & vous renoncez au droit de me demander raifon de mon Eglife dans le temps que vos idolatries ont gagné le deffus, qu'elles fe font répandues comme un grand torrent, & ont prefque inondé toute la terre. Je ne fai fi vôtre Directeur de Confience eft fujet à la migraine ; elle eft affez ordinaire aux beaux Efprits, mais pour peu de difpofition qu'il y ait, je lui confeille de ne lire pas ces queftions fans avoir bien pris fes précautions. Il eft en verité

fort

fort dangéreux qu'elles lui caufent un peu de mal de tête.

Il me femble, mon Coufin, qu'il n'en faloit pas à beaucoup prés autant pour vous fatisfaire. Mais s'il eft pofible que vous réfiftiez encore à toutes ces réfléxions & que vous ne puifiez pas vous defentêter de vos Affemblées publiques ; je vous redis encore que vous trouverez de quoi vous contenter chez les Vaudois & chez les Albigeois. Vous y trouverez des Affemblées, & dans toutes les formes ; enfin tout ce que vous demandez & que vos Docteurs font grimace de chercher, mais qu'ils font bien fâchez qu'on leur découvre ; & s'ils vous chicannent là-deffus, felon leur bonne coûtume, ils n'ont qu'à parler, vous verrez comme quoi ils fe tireront de cette difcuffion.

Mais ce n'eft pas tout, vous n'en êtes pas encore quitte, je ne fuis entré dans ce détail que par une pure complaifance pour vous, & j'ai encore deux avertiffemens trés-importans à vous donner. Le premier eft que vous n'avez aucun intérêt dans cette difcuffion, parce que quoi-qu'il en foit, il eft toûjours certain que fi vôtre Eglife

eft

est une Eglise erronée superstitieuse, & idolâtre, elle ne peut pas être l'Eglise de Jesus-Christ. C'est cependant ce que je vous ai fait voir sur le sujet de l'invocation des Saints, & je vous en offre autant sur les autres matiéres.

Je voi bien ce que vous me direz, mon Cousin, c'est qu'il est impossible que l'E- glise de Rome soit si étrangement dé- cheuë de sa pureté, aprés les promes- ses que Jesus-Christ lui a faites de son secours. Mais moi je vous dis que vous n'entendez pas ces promesses de Jesus-Christ que j'offre encore une fois, si vous voulez entrer dans cette discus- sion, de vous faire voir que vôtre E- glise est une Eglise absolument Anti- chrétienne, & comme je vous l'ai déja dit une Eglise erronée, superstitieuse, & idolâtre. Et aprés tout, vôtre Egli- se de Rome a-t elle de plus grands pri- viléges que l'Eglise Grecque ni celle de Jerusalem ; car vous ne pouvez pas disputer à ces deux derniéres, aucun des caractéres dont vous revêtez vôtre Eglise, elles sont même plus anciennes que l'Eglise de Rome : & de l'aveu de tous les Chrétiens du Monde elles ont possedé avant que celle de Rome fut au Monde tous les titres & tous les
droits

droits de l'Eglise Universelle. Cependant elles sont décheuës absolûment de leur pureté, & vous les regardez comme des Eglises abominables. Que sont donc devenuës les promesses de Jesus-Christ dont vous êtes si fort entêté? Direz vous qu'elles ne regardent que l'Eglise de Rome. Mais si c'est vôtre pensée, il faut, s'il vous plait, que vous m'appreniez dans quelle source vous avez puisé ce beau principe. C'est là que je vous attens, & toutes les promesses de Dieu que vous pourriez m'alléguer vous sont absolûment inutiles, si vous ne me faites voir qu'elles ont été faites à l'Eglise de Rome à l'exclusion des autres Eglises Chrétiennes.

Mon deuxiéme avertissement est qu'il ne s'agit pas de savoir ce que l'on a crû dans un tel, ou un tel temps, mais ce que nous devons croire, & que nous devons pratiquer, dans celui où nous sommes. C'est une vérité éternelle que quiconque croit en Jesus-Christ sera sauvé, & il faudroit avoir perdu le sens pour s'imaginer que lors que nous paroitrons devant le Souverain Juge du Monde, il nous demande si nous avons creu ce que croyoit des hommes de quelque Siécle; mais nous serons examinez

minez selon nôtre Foi, & les œuvres
que nous aurons faites. Je vous ai dit
que nous ne croyons. & ne pratiquons
en matiére de Religion que ce que Jesus-Christ & ses Saints Apôtres nous
ont commandé de pratiquer & de croire, d'où je conclus que ma Religion
est la Religion de Jesus-Christ, & je
soûtiens qu'il faut renoncer à toutes les
lumiéres du bon sens, & de la droite
raison, pour ne pas convenir de cette
consequence, si je prouve ma proposition, comme je m'oblige de le faire,
& contre qui vous voudrez.

Quoi qu'il en soit, il est toûjours certain, dites-vous, que vous n'avez pas les
mêmes Cérémonies & la même pratique
qu'avoit l'ancienne Eglise ? Qui vous a
dit, mon Cousin, que nous n'avons
pas les mêmes Cérémonies & la même pratique ? Croyez-vous donc qu'on
ne priât pas Dieu, qu'on ne chantât
pas les Pseaumes, qu'on ne baptisât
pas au nom du Père du Fils & du St Esprit, qu'on ne prêchât pas l'Evangile de
Christ, & qu'on ne participât point à
l'Euchariste dans les siecles passez ? Car
si nous avons d'autres Cérémonies, je
vous avouë que je ne les conois pas.
Mais ce reproche peut-il encore nous

étre fait par un Catholique Romain qui ne peut pas s'empêcher de reconnoître que la pluspart des Cerémonies de son Eglise y ont été introduites par le bon plaisir de ses conducteurs? Vous n'avez pas du moins, dites vous, la même confeſſion de foi; elle n'étoit pas compoſée de 40 Articles? Aprés quoi vous nous demandez d'un air triomphant si l'on avoit un autre Dieu & une autre Religion? A vôtre avis donc, le premier Concile General, ce fameux Concile de Nicée, ſi reveré de tous les Chrétiens changa & de Dieu & de Religion alors qu'il compoſa ſon ſymbole. Saint Athanaſe ceſſa encore d'adorer le même Dieu lors qu'il fit le ſien! C'eſt une merveille que ſes ennemis ne s'aviſaſſent de l'en Accuſer. Mais ils n'avoient pas la penetration de vôtre directeur de conſcience. J'ai en verité quelque honte d'étre obligé a combattre de ſemblables penſées.

Mais aprés tout : Vôtre Religion, dites vous encore , n'a pas des fondemens plus ſolides que Cinquante ſectes qu'il y a en Hollande en Allemagne & en Angleterre. Car elles ne ſe glorifient pas moins que vous du témoignage

moignage de l'Ecriture. Et vous me demandez après cela d'un ton Victorieux, & comme si tous ces méchans raisonnemens que vous venez de faire étoient autant de demonstrations, Pourquoi n'êtes vous pas aussi-tôt Lutherien que Calviniftes?

C'eft à dire donc, mon Coufin, que la Parole de Dieu, n'eft pas plus favorable à un proteftant qui adore Jefus-Chrift comme fon Dieu, qu'elle l'eft à un Socinien qui nie la Divinité de ce glorieux Sauveur, & ce même Socinien trouvera d'auffi bonnes raifons dans l'Ecriture pour combattre la fatisfaction de Jefus-Chrift pour nos pechez, qu'un Proteftant pour l'appuyer? Les Sociniens vous ont bien de l'obligation, & je puis vous dire à peu prés la même chofe de chacune des autres Sectes heretiques. Mais la parole de Dieu ne vous en a guere. Il y a long-temps qu'on l'a dit chez vous que c'étoit une nés de Cire, & une régle de plomb. Mais je croyois qu'on fe fît aujourd'huy quelque horreur de ce blafphéme. Ce n'eft pas dans le fonds que je foupçonne vos Directeurs d'une plus grande délicateffe de confcience, que ceux qui les ont precedez; nous n'avons eu que

trop

trop de lieu de les connoître, & par des endroits affez fenfibles. Mais cette penfée eft fi horrible , & c'eft un fi grand outrage à la parole de Dieu, que je vous avoue que j'ai encore quelque peine de me perfuader qu'il y puiffe avoir des gens capables d'un fi étrange & fi prodigieux égarement. Les Juifs fe glorifioient du témoignage de l'Ecriture dans leurs opinions les plus erronées & les plus extravagantes : Mais direz-vous , que la Religion de Jefus-Chrift qui leur étoit oppofée n'eut pas des fondemens plus folides que celle de ces Juifs! & condamnez-vous le Sauveur du monde de s'être fervi de l'Ecriture pour les convaincre ? je veux croire , que vous n'y avez pas bien penfé , & que vous m'auriez épargné la peine de vous combatre fur ce principe, fi vous en aviez bien penetré toutes les confequences.

Mais pourquoi , dites-vous, n'êtes-vous pas auffi-tôt Lutherien que Proteftant ? Le voici , c'eft qu'il y a des erreurs dans la Communion des Lutheriens, & qu'il n'y en a pas dans celle des Proteftans. Vous me direz peut-être , que nous ne cro-

vyons pas que les erreurs des Lutheriens
soient incompatibles avec une veritable
sanctification, que nous les regardons
comme des erreurs legeres, des erreurs
qui n'ont aucun venin, des erreurs de
speculation, & qui n'entrent point dans
la pratique; & par consequent que ces
erreurs ne nous donnent aucun lieu de
nous tenir separez de cette communion?
Vous vous trompez, mon Cousin;
vôtre consequence est tres-fausse; &
en voici deux raisons qui ne souffrent
point de difficulté. La premiére
est que connoissant les erreurs de cette
Eglise, nous ne pouvons pas faire profession de les croire sans agir contre no-
tre conscience. Et la parole de Dieu,
cette divine parole dont vous faites si
peu de cas, mais dont je fais tout mon
Capital, nous avertit que c'est un des
plus grands pechez que l'on puisse commettre. C'est Saint Paul qui s'en explique en des termes exprés dans le
Chapitre 14 de son Epitre aux Romains. *Bienheureux est celui qui ne
se juge point soi-même en ce qu'il ap-
prouve.* Rien n'est plus clair que ces
paroles, & il faudroit s'aveugler vo-
lontairement pour ne voir pas que la
pensée de ce grand Apôtre a été de
nous dire que celui qui agit contre ses
lumié-

lumiéres se rend par là inexcusable &
qu'il s'attire infailliblement le jugement & la condamnation de Dieu.

Mais il nous l'apprend encore par
les paroles qui suivent immédiatement
ces premiéres. Il y parloit de l'usage
des viandes, sur quoi les Fideles é-
toient en différent. Les uns croyoient
qu'étant sacrifiées aux Idoles, il ne leur
étoit pas permis d'en manger. Les
autres mieux instruits de leur liberté
croyoient de le pouvoir sans faire aucun
préjudice à leur conscience. Et là-
dessus Saint Paul leur dit expressément
que celui qui s'en fait quelque scrupule
est condamné s'il en mange, parce qu'il
n'en mange point par foi, & que tout
ce qui se fait sans foi est peché. Il as-
asseure à peu prés la même chose dans
le Chapitre huitiéme de sa première
aux Corinthiens. *Quelques uns*, dit-
il, *en mangent avec consience de l'I-
dole, mais leur consience étant foible;*
C'est à dire, *se faisant mal à propos
ce scrupule, elle est souillée*, enfin il
décide formellement cette question
dans le verset quatorziéme du même
Chapitre. *Celui*, dit-il, *qui esti-
me quelque chose souillée, elle lui est
souillée.*

On

On peche donc selon Saint Paul,
lors que l'on agir contre sa conscience, même en des choses indiffé-
rentes de leur nature. Jugez aprés
cela, quel seroit nôtre crime, si nous
embrassions extérieurement des erreurs
que nous condamnerions dans le fonds
de nos cœurs? Et aprés tout ne serions
nous pas des hypocrites? Ou ignorez-
vous les terribles menaces de Dieu contre tous ceux qui se rendront coupables
de ce peché? Pleut à Dieu que tous
ceux que l'on appelle en France des
nouveaux convertis, y fissent bien reflexion! Car je vous avoue que je tremble
lorsque je pense à leur conduite; & que
je me représente ces pauvres gens flé-
chissans les genoux devant un morceau
de pain, quoi-qu'ils soient trés per-
suadez que ce n'est que du pain. Ils
ont beau dire qu'ils élévent leur cœur
au Ciel pour y adorer Jesus-Christ sur
le Thrône de sa gloire. Ce mouvement du cœur & toute cette direction
d'intention, n'empêche pas qu'ils
n'agissent contre leur conscience; &
ne se souillent d'une manifeste hypo-
crisie. Mais sur tout à quoi pensent
vos Conducteurs, de contraindre,
comme ils le font, ces pauvres Ames
à

à profaner un Myſtere qu'ils regardent comme le plus grand myſtere du Chriſtianiſme ? Peuvent-ils ſe. diſculper du plus horrible ſacrilege qui ait jamais été commis ? Ils avouent qu'on ne peut pas participer à l'Euchariſtie indignement ſans ſe perdre ; que c'eſt le plus grand de tous les crimes, & une profanation qui expoſe celuy qui en eſt coupable aux plus terribles jugemens de Dieu. Saint Paul y eſt d'ailleurs ſi exprés dans le Chapitre 2. de ſa premiére Epitre aux Corinthiens, qu'on ne ſauroit même faire quelque reflexion ſur ces paroles ſans frayeur. Quelle peut donc étre encore une fois la penſée de vos directeurs, lors qu'ils ſe portent aux plus grandes extremités pour obliger des gens, qu'ils ſavent n'avoir pas la foi de ce myſtere, à y participer? Car quand même Jeſus-Chriſt ſeroit ſur vos Autels, quand même vôtre ſacrement ſeroit ſon propre corps, & que vous ſeriez fondez dans tout ce que vous en croyez ; peut on me diſputer quelqu'une de ces trois conſequences que je tire de cette conduite ? La premiére, qu'il en eſt de vos conducteurs, comme Jeſus Chriſt l'a dit des Phariſiens, C'eſt qu'ils ne negligent rien pour faire des proſelites afin

D

de

de les rendre doublement dignes de la gehenne? la Seconde qu'ils se souillent eux mêmes du plus grand sacrilege que l'on puisse commettre selon leurs propres principes; & enfin la Troisieme qu'ils nous fourniffent des armes invincibles pour combattre leur Eglise, & la convaincre d'être une Eglise absolument Antichrétienne.

Vous en direz, mon Cousin, tout ce qu'il vous plaira, vous avez là un très-méchant Caractére, & il n'y a pas grande apparence, que si l'Eglise Romaine étoit la vraye Eglise de Jesus-Christ, Dieu eût permis qu'elle fût tombée dans une aussi grande & aussi affreuse abomination. Il ne s'agit pas de la conduite de quelques Prêtres, de quelques Moines, ou de quelques Evêques, mais de celle de tout vôtre Clergé, & je puis dire encore de toute vôtre Eglise. Car outre que le Pape, ses Cardinaux, & tout ce que vous avez de plus grand & de plus illustre, ont concerté le dessein de cette horrible persécution que l'on nous a faite, comme il paroît assez par leurs Approbations à l'Exposition de M. de Condom dont le mystere est déformais assez connu. Y a-t-il quelqu'un de vos Conducteurs qui se soit oppofé

oppofé à cette étrange conduite ?
Mais fi vous avez fait du Saint Sacrement de l'Euchariftie une vraye Idole,
fi vous y mettez la Créature à la place
du Créateur, comme il n'eft que trop
certain, à quels fupplices ne doivent
pas s'attendre vos Conducteurs, &
que n'avons-nous pas à craindre pour
tant de pauvres Ames qu'ils entraînent
aux pieds de leurs Autels, comme des
Victimes que l'on méne pour les égor-
ger ? C'eft vôtre Religion, mon Coufin, mais ce n'eft pas la mienne. Vous
ne contez pour rien la Confcience, &
j'en fais un Capital. Je ne fuis
pas donc Luthérien, & je fuis Proteftant, parce que je ne veux pas trahir
ma Confcience. Mais je fuis encore
Proteftant; Et c'eft ma feconde raifon,
parce que je croi que cette Eglife é-
tant la plus pure, Dieu y eft mieux
glorifié ; & que je fuis d'ailleurs trés-
perfuadé qu'il eft abfolûment de mon
devoir de préférer le plus petit intérèt
de la gloire de Dieu à tous les intérêts
du Monde, de quelle nature qu'ils
foient. Je fai bien que plufieurs de
nos Fréres fe font encore d'étranges
illufions là-deffus, & il n'eft rien de

 plus

plus ordinaire dans leurs bouches que
ces paroles : Je croi que l'Eglife Proteftante eft la plus pure & la plus fainte de toutes les Communions. Mais
je ne doute point qu'on ne puiffe faire
fon Salut dans l'Eglife Romaine, quoi
qu'inondée de fuperftitions & d'erreurs;
pourvû qu'on foit d'ailleurs bien pur
& bien réglé dans fes mœurs. Je
ne dirai pas qu'ils connoiffent trés-mal
l'Eglife Romaine, que c'eft une Eglife erronée, une Eglife Idolatre, & par
conféquent dévouée à la damnation.
Mais je dirai même que quand il y
auroit quelque Salut à efpérer, quand
elle ne feroit pas auffi perduë, nos
Fréres ne laifferoient pas d'expofer extrémement leur Salut. Car outre que
leur conduite eft une hypocrifie conti-
nuelle & qu'ils agiffent tous les mo-
mens contre leur Confcience. Je leur
demande d'où vient que croyant la
Religion Proteftante la plus pure, ils
ne font pas tous leurs efforts pour fe
remettre parmi nous?

Parlons fincérement. N'eft-ce pas
parce qu'ils trouvent leur intérêt tem-
porel parmi vous? Ils préférent donc
l'intérêt du Monde à celui de la gloire

re de Dieu , & de leur Salut , &
c'eſt de l'aveu de tous les Chrétiens,
une diſpoſition abſolùment incompatible avec la vraye ſanctification. J'ai peur
que vous ſoyez fatigué de ma lon-
gueur , mais imputez-la au déſir que
j'aurois de contribuer quelque choſe a
vôtre Relévement. Sans vous dire que
mon Ami ſe croit dans une obligation
particuliére de ne rien négliger en de
ſemblables occaſions , car je ne veux
pas vous cacher qu'il a eu le malheur
de ne réſiſter pas comme il le devoit
à la derniére perſécution de vôtre E-
gliſe , & je ne ſai s'il s'eſt paſſé un
ſeul jour depuis ce funeſte moment,
ſans qu'il ait penſé à ces paroles de
Jeſus-Chriſt parlant à Saint Pierre :
Quand tu ſeras converti , confirme tes
Freres. Vôtre Docteur fera l'uſage
qu'il lui plaira de cét avertiſſement.
Cependant vous m'avez aſſeuré que
vôtre plume ſeroit toûjours prête à ré-
pondre à tout ce que l'on pourroit vous
dire contre vôtre Religion. Je vous
exhorte à me tenir parole le plûtôt
que vous pourrez , & à n'oublier point
aucun des Articles de cette Lettre , &
je vous déclare que ſi vous ne le faites

pas,

pas, je prendrai vôtre silence pour un
aveu du désespoir de vôtre Cause, &
de la défaite absolue de vôtre Parti.
Je suis,

MONSIEUR MON COUSIN,

Vôtre trés-humble & trés-affec-
tionné Serviteur & Cousin,

J. D. L. B.

www.ingramcontent.com/pod-product-compliance
Lightning Source LLC
Chambersburg PA
CBHW071340030726
47594CB00002B/698